어떻게 공기를
팔 수 있다는 말인가

시애틀 추장의 꿈

어떻게 공기를
팔 수 있다는 말인가

시애틀 추장의 꿈

시애틀 추장 지음/ 이상 옮김

가갸날

차 례

올드맨 하우스 (1894년)

머리말

시애틀 추장Chief Seattle의 연설은 수많은 이본이
존재한다. 이 책은 그 가운데 가장 널리 인용되는 세
연설문을 이해하는 데 필요한 귀중한 정보를 제공해
준다. 각 연설문은 150여 년 전인 1854년 1월
10일, 워싱턴 준주Territory 準州 시애틀 시에서 주지사
아이작 스티븐스Isaac Stevens 앞에서 행한 시애틀
추장의 연설을 바라보는 고유한 관점을 담고 있다.

어느 연설본을 정본으로 할 것인지 결정하기
위해 수쿠아미쉬Suquamish 족은 여러 해에 걸쳐
치밀한 조사를 진행하였다. 그리고 1982년에
스미스Smith본이 정본으로 공식 승인되기에
이르렀다. 스미스본은 1887년에 《시애틀 선데이
스타》Seattle Sunday Star지에 처음 소개되었는데,
수쿠아미쉬 족은 그 바탕이 되었던 헨리 스미스Dr.
Henry Smith 박사의 개인 일기 기록을 꼼꼼히 살폈다.

시애틀 추장이 하지 않은 말을 스미스 박사가

적잖이 연설 속에 끼워넣은 것으로 많은 사람들은 믿고 있다. 시적인 표현을 사용한 점과 스미스 박사의 수쿠아미쉬어 지식이 짧았기 때문이다. 그의 일기 기록을 보면, 그는 가능한 한 정확성을 기하기 위해 시애틀 추장 본인뿐만 아니라 연설을 들은 사람들을 인터뷰하는 데 많은 시간을 보냈다. 안타깝게도 스미스 박사의 일기는 오래 전에 화재로 소실되었다.

인터넷 상에는 시애틀 추장과 관계된 웹 사이트가 60개가 넘고, 그의 삶을 다룬 책도 수십 권에 이른다. 각종 기사도 넘쳐난다. 모두들 시애틀 추장과 그가 말한 것에 대한 자신들의 견해를 담고 있다. 천차만별이지만 정확도가 높은 자료도 일부 존재한다.

특히 두 권의 책은 시애틀 추장과 그의 연설, 그리고 수쿠아미쉬 족을 이해하는 데 매우 유용하다. 수쿠아미쉬 박물관이 펴낸 《시애틀 추장의 시선》*The Eyes of Chief Seattle*은 1850년대부터 오늘에 이르는 수쿠아미쉬 족의 역사를 잘 보여준다. 시대 모습을 알려주는 다양한 인물 사진과 수쿠아미쉬 박물관이 소장하고 있는 공예품을 찍은 칼라 사진이 곁들여 있다.

워런 제퍼슨Warren Jefferson이 쓴 《시애틀 추장의 세계》*The World of Chief Seattle*는 수쿠아미쉬 부족과의 협업을 통해 완성되었는데, 위대한 추장의 삶을 그가 살던 시대의 문맥 속에서 조명하고 있으며, 수쿠아미쉬 족이 살던 지역의 역사와 부족의 문화에 대한 이해가 돋보인다. 두 종류의 시애틀 연설문과 마을 생활을 담은 50장 이상의 사진을 포함하고 있다.

수쿠아미쉬 박물관은 퓨젓사운드Puget Sound 지역 원주민들의 문화 생활과 역사를 깊이 조망하는 두 번의 전시를 개최해 상을 받았다. 구전 역사, 공예품, 영상 자료, 사진, 기록 등을 두루 활용한 전시였다.

하나는 1983년에 처음 선보인 〈시애틀 추장의 시선〉이라는 전시다. 미국 정부와 조약을 체결하던 1850년대부터 현재에 이르기까지, 부족이 외래 문화 양식을 받아들이면서 겪어야 했던 투쟁 과정을 보여준다. 전시 〈올드맨 하우스〉Old Man House: The People and Their Way of Life at D'suq'Wub는 구전 역사와 부족 원로들의 구술을 녹취해 꾸몄는데, 부족의 문화에 초점을 맞추었다. 시애틀 추장이 부족과 함께 살던 일자형 공동주택longhouse과 지금의 시애틀 추장 공원Chief Seattle Park으로 알려진 마을터에 대한 고고학적 탐구 역시 전시 내용의 주요부분이었다.

수쿠아미쉬 박물관 관장

마릴린 존스Marilyn Jones

밀러 만 바닷가

책을 펴내며

시애틀 추장은 퓨젓사운드Puget Sound 만을 끼고
있는 킷샙Kitsap 반도에서 그의 부족 수쿠아미쉬
족과 함께 살았다. 그곳은 퓨젓사운드를 사이에 두고
워싱턴 주의 시애틀을 마주보는 곳으로 미국의 북서
태평양 연안으로 알려진 곳이다. 수쿠아미쉬 족은
그곳에서 수천 년을 살았다.

시애틀 추장은 미국 정부가 파견한 대표들과 조약
체결을 협상중이던 1854년에 행한 강렬하고 유창한
연설로 널리 알려졌다. 연설에서 시애틀 추장은 백인
정착자들과 평화롭게 지내고 그들의 새로운 문화를
존중하겠다는 약속을 표명하였으며, 대신 백인들도
자신의 부족과 자신들의 삶의 일부인 자연을 존중해
줄 것을 요구하였다. 오늘날도 그의 말은 여전히
살아 있으며, 전세계에 걸쳐 인권과 환경운동을 크게
고취하였다.

백인 정착자들과 접촉하기 전의 수쿠아미쉬 족은

퓨젓사운드 북부지역을 지배하던 강력한 부족이었다. 그들의 추장은 영향력이 매우 컸으며, 지역 곳곳의 다른 부족들과 광범위한 동맹을 맺고 있었다. 시애틀 추장은 젊어서부터 군사 지도자와 전략가로 두각을 나타내 북쪽에서 쳐들어온 호전적인 부족의 침입을 격퇴하였다. 군사적인 성공과 탁월한 웅변술에 힘입어 그는 수쿠아미쉬 족과 두와미시 족 두 부족의 추장이 되었다.

시애틀 추장은 유럽인 탐험가들이 처음 퓨젓사운드 만에 배를 타고 들어왔을 때 어린 소년이었다. 때는 1792년으로 콜럼버스가 아메리카를 '발견'한 때로부터 거의 3백 년이 지난 시점이었다. 한 사람의 수명 길이에 해당하는 다음 73년 동안 퓨젓사운드 지역의 부족들은 거의 전면적인 궤멸 상태에 빠지고 만다. 문화적으로 풍부하고 자율적 삶을 즐기던 그들을 그렇게 만든 것은 비원주민 백인 사회였다.

성인이 된 시애틀 추장은 온 생애를 바쳐 그의 부족이 자신들의 땅과 문화를 잃지 않도록 힘쓰는 한편, 백인 정착자들과 우호적인 관계를 유지하려 노력하였다. 수쿠아미쉬 족과 그 지역의 다른 부족에게 가해진 광범위하고 파괴적인 생활양식의 변화를 생각할 때, 그의 노력은 효과적이지 못했다고 말하는 사람도 있다. 많은 원주민들이 유럽계 미국인들의 병을 앓다 죽었고, 부족의 문화와 종교는 억업당했다. 부족의 땅 대부분은 백인들에게 빼앗겼다. 그리고는 자유가 억압당하고 모든 것이 미흡하기 짝이 없는 보호구역에 수용되었다.

1900년이 되면 수천 년을 이어온 풍부하고 다채로운 원주민 문화는 이미 파멸의 벼랑 끝에 서게 된다.

그렇지만 다른 관점에서 바라보면 시애틀 추장의 지도력은 성공적이었다. 그의 부족은 백인 이웃들과 전쟁을 치르지 않았으며, 부족으로서 오늘까지 살아남을 수 있었다. 그들의 문화 대부분은 온전히 보존되었다. 그들은 퓨젓사운드 인근 수천 에이커의 땅에 대한 주권을 갖고 있고, 부족 지도자는 그 지역 원주민의 권리를 지키기 위한 정치력을 행사한다.

오늘날 시애틀 추장의 정신은 그의 부족 사람들의 마음 속에 살아 있다. 또한 시애틀 시민은 물론 전세계

수많은 사람들의 가슴속에도 살아 있다. 그의 정신은 사람들이 그의 연설을 읽을 때마다 다시 살아난다. 유장하기 이를 데 없는 연설은 불후의 영감을 주는 문서일 뿐 아니라, 무너져내리는 세상을 붙안고 희망의 끈을 놓지 않은 지성과 감성을 겸비한 사람의 증언이다.

시애틀 추장은 수쿠아미쉬 부족 땅에 묻혔다. 그가 사랑했고 그의 부족을 위해 지켜낸 땅이다. 그의 묘지에서 해협을 사이에 두고 시애틀 시가 건너다 보인다. 시애틀 시의 이름은 이 위대한 추장을 기리기 위해 붙여졌다.

수쿠아미쉬 마을에서 바라본 시애틀 시

경주용 카누

저 하늘도 연민의 눈물을
흘리는구나

시애틀 추장 연설·헨리 스미스 박사 기록(1854년)
《시애틀 선데이 스타》 1887년 10월 29일자 게재

헬 수 없는 긴 세월 동안 우리 조상들에게 연민의 눈물을 뿌려주고, 영원할 것 같기만 하던 저 하늘이 바뀔지 모르겠다. 오늘은 맑지만 내일은 구름으로 뒤덮일지 모른다. 내 말은 결코 지지 않는 별과 같다. 당신네 백인 형제들이 계절이 다시 돌아옴을 믿듯이, 워싱턴 대추장은 나 시애틀의 말을 깊이 신뢰해도 좋다.

백인 추장이 보낸 젊은이가 말하기를 그들의 대추장이 우리에게 우정과 선의의 인사를 보낸다고 한다. 친절한 일이다. 그들 종족의 수가 무척 많아서

인디언들은 워싱턴(미국 초대 대통령, 1732 ~99)이 아직 살아 있다고 생각했다. 그들은 워싱턴이라는 이름의 인물이 대통령이 된 줄을 알고 있었고, 그래서 워싱턴에 있는 대통령이라는 말을 들었을 때 도시 이름을 우두머리 통치자로 오해하였다. (Grant, *History of Seattle*)

우리의 우정 따위는 필요로 하지 않음을 잘 알기 때문이다. 그들은 저 너른 대지를 덮고 있는 풀처럼 무성한 반면에, 우리 부족은 마치 폭풍우가 휩쓸고 지나간 벌판에 듬성듬성 남아 있는 나무처럼 수가 적다.

선한 사람으로 짐작되는 백인 대추장은 우리 땅을 사고 싶다는 의사를 전해 왔다. 우리가 편하게 살 수 있는 충분한 땅을 마련해 줄 용의가 있다는 말과 함께. 이것은 정말 관대한 일이다. 홍인紅人은 이미 존경 받을 권리를 잃어버렸기 때문이다. 그리고 우리에게 더 이상 넓은 땅이 필요한 것도 아니기 때문에 그것이 현명한 제안일지도 모르겠다.

바람에 일렁이는 파도가 조가비 가득 널린 바닷가를 뒤덮듯, 우리 부족이 온 대지를 가득 메운 시절이 있었다. 하지만 그 시절은 이미 오래 전에 사라져버렸고, 부족의 위대함도 이제는 거의 잊혀졌다. 나는 우리의 때이른 쇠락을 슬퍼하지 않을 것이며, 우리의 몰락을 재촉했다 하여 백인 형제들을 비난하지도 않을 것이다. 우리도 비난받아야 할 부분이 있을 것이기 때문이다.

 우리 부족의 젊은이들이 불의에 대한 분노로 자신들의 얼굴에 검고 흉측한 문양을 새겨 넣으면, 그들의 마음 역시 일그러져 검게

변하고 만다. 그 불의가 사실이든 혹은 상상 속에서 만들어진 것이든. 그들의 잔혹성은 무자비할 뿐 아니라 그 끝도 없다. 하지만 우리 늙은이들은 그들을 만류할 수 없다.

홍인과 백인 형제들 사이의 적대감이 다시는 재발하지 않기를 바란다. 그것은 해만 될 뿐 아무런 이득이 없다. 설령 목숨을 잃는 대가를 치르더라도 우리의 젊은 용사들이 복수를 통해 얻을 게 있다고 생각하는 것도 사실이다. 하지만 전쟁 때 집에 남아 있는 늙은이들과 아들을 잃게 될 어머니들은 생각이 다르다.

우리의 위대하고 선한 아버지 워싱턴은, 그의 종족 가운데 대추장의 한 사람임이 분명한 젊은이를 통해, 그가 원하는 대로 따르면 우리를 보호해 주겠다는 전갈을 보내왔다. 조지 George가 그의 영토를 북쪽까지 넓혔으므로, 워싱턴은 이제 당신들뿐 아니라 우리의 아버지이기도 할 것이다.

인디언들은 조지 왕이 아직 영국의 군주라고 생각했다. 허드슨 만에 들어온 상인들이 자신들을 '조지 왕의 신하'King George Man라고 불렀기 때문이다.(Grant, 앞의 책)

그의 용감한 군대는 우리의 든든한 보호벽이 될 것이고, 그의 거대한 전함들이 우리 항구를 채우면 북방에 있는 우리의 오랜 적 심시암스Simsiams 족과 하이다스Hydas 족(씸시안스Tsimshians 족, 하디아스Hadias 족이 바른 표기다-역자 주)이 더 이상 우리 부족의 여인네들과 노인들을 위협하지 못할 것이다. 그러면 그는 우리의 아버지가 되고, 우리는 그의 자녀들이 될 것이다.

하지만 그런 일이 과연 가능할까? 당신들의 신은 당신들을 사랑할 뿐 우리 부족은 미워한다. 그는 튼튼한 팔로 백인들을 사랑스레 감싸 안고 아버지가 어린 아들을 끌어주듯이 그들을 이끌지만, 피부가 붉은 자녀들은 내버렸다. 당신들의 신이 하루가 다르게 당신들을 강성하게 만들고 있기에, 조만간 백인들이 온 대지를 가득 채울 것이다. 반면에 우리 부족은 빠르게 빠져나간 다음 다시는 돌아오지 않는 썰물처럼 스러져가고 있다.

백인들의 신은 피부가 붉은 자식들은 사랑할 수 없다. 그렇지 않다면 우리를 보호해 주었을 것이다. 우리는 고아와 같아서 기댈 곳이라곤 없다. 어떻게 우리가 형제가 될 수 있겠는가? 어떻게 당신들의 아버지가 우리 아버지가 될 수 있겠는가? 어떻게 우리에게 번영을 가져다 주고, 영광을 재현하려는 꿈을 일깨워줄 수 있겠는가?

당신들의 신은 우리에게는 불공평해 보인다. 그는 백인을 찾아왔다. 우리는 그를 본 적이 없다. 그의 음성을 들은 적조차 없다. 그는 백인들에게는 율법을 주었지만, 별들이 푸른 하늘을 채우고 있듯이 이 광대한 대륙을 가득 메웠던 수백만 명의 붉은 자식들에게는 아무런 말도 들려주지 않았다.

그렇다! 우리 둘은 서로 다른 종족이고, 언제까지나 그렇게 머물러야 한다. 우리 사이에는 공통점이라곤 없다. 우리 조상들의 유골은 신성하며, 그들의 마지막 안식처는 거룩한 곳이다. 하지만 당신들은 아무런 미련도 없이 조상들이 묻혀 있는 곳에서 멀리 떠나왔다.

당신들의 종교는 성난 신의 강철 손가락으로 석판 위에 씌어졌다. 당신들이 잊어버리지 않도록 하기 위해서였다. 홍인은 그런 것은 기억할 수도 이해할 수도 없다.

우리의 신앙은 우리 조상들이 물려준 전통이고, 위대한 정령Great Spirit(아메리카 인디언의 주신主神-역자 주)이 가져다준 지혜로운 노인의 꿈이자 우리 추장들의 예지력으로서, 우리 부족의 가슴 속에 새겨져 있다.

당신들의 죽은 조상은 무덤 입구를 지나고 나면 더 이상 당신들과 자신의 고향을 사랑하지 않는다. 그들은 저 멀리 별 무리 너머의 세계를 헤매고 돌아다닌다. 그리고는 곧 잊혀지고 다시는 돌아오지 않는다. 우리 조상들은 그들이 살았던 이 아름다운 세상을 절대 잊지 않는다. 그들은 굽이쳐 흐르는 강과 웅장한 자태의 산, 그리고 그 사이의 외딴 계곡을 변함없이 사랑한다. 그리움에 사무쳐 하는 산 자들을 언제나 지극한 애정으로 보살피고, 종종 다시 찾아와 위로해 준다.

밤과 낮은 함께 살 수 없다. 떠오르는 아침 해에 산자락을 휘감고 있던 안개가 달아나듯, 우리 홍인들은 백인들이 다가오면 언제나 뒤로 물러서왔다.

하지만 당신들의 제안은 타당한 것으로 보인다. 우리 부족원들이 그 제안을 받아들여 당신들이

음식과 선물을 나누는 전통 의례
포틀래치Potlatch 행사에 참석한 인디언들

시애틀 추장의 무덤

제공하는 보호구역으로 이주할
것으로 생각된다. 우리는 서로
떨어져서 평화롭게 살 것이다.
백인 대추장의 말이 짙은 어둠
속에서 우리 부족에게 들려주는 대자연의
목소리처럼 들리기 때문이다. 한밤의 바다에서
육지로 밀려오는 한치 앞도 분간할 수 없는
안개만큼이나 빠른 속도로 짙은 어둠이 우리를
에워오고 있다.

우리가 어디서 여생을 보낼 것인지는 별로 중요
하지 않다. 남은 시간이 얼마 되지도 않는다.
인디언들의 밤은 칠흑같이 어두울 것이다. 지평선
위에는 단 하나의 별빛도 보이지 않는다. 슬픈 바람
소리만이 멀리서 흐느껴 운다.

홍인이 가는 길 위에는 암울한 형벌이 도사리고
있다. 사냥꾼의 발소리를 듣고 있는 상처 입은
암사슴마냥, 어디를 가든 무자비한 파괴자가 다가

인디언들의 밤은 칠흑같이 어두울
것이다. 지평선 위에는 단 하나의
별빛도 보이지 않는다. 슬픈 바람
소리만이 멀리서 흐느껴 운다.

오는 발자국 소리를 들으며 최후를 맞이하게 될
것이다.

　　달이 몇 번 찼다가 기울고 몇 번인가의 겨울을
보내고 나면, 한때는 이 광대한 땅을 가득 메운
강력한 주인이었건만 이제는 작은 무리로 흩어져
광야를 떠돌고 있는 위대한 부족은 아무도 남지
않게 될 것이다. 그러면 한때
당신들만큼이나 강하고 희망에
넘쳤던 우리 부족의 무덤 앞에서
울어줄 사람 하나 없게 될
것이다.

하지만 왜 우리가 푸념이나 하고 있어야 하는가? 왜 내가 우리 부족의 운명을 슬퍼해야 하는가? 부족이란 그저 한 사람 한 사람의 개인이 모여 형성된 것일 뿐, 더 특별할 것도 없는 것이거늘. 사람은 바다의 파도처럼 왔다가 간다. 눈물도, 기도도, 만가輓歌도, 사람도 우리의 그리운 시야에서 영원히 사라져버렸다.

친구 사이에서 그러하듯 자신들의 신과 함께 걷고 대화를 나누는 백인들조차도 이 공통의 운명에서 벗어날 수는 없다. 결국 우리는 한형제일지 모른다. 언젠가 알게 될 것이다.

당신들의 제안을 곰곰이 생각해 보겠다. 결정이 나면 알려주겠다. 하지만 제안을 받아들이게 되더라도, 여기 이 자리에서 분명히 하고 싶은 첫번째 조건이 있다. 그것은 우리가 아무런 방해도 받지 않고 우리 조상과 친구들의 무덤을 자유로이 방문할 수 있는 권리를 인정해 달라는 것이다.

우리에게는 이 땅의 구석구석 모두가 다 성스럽다. 언덕, 계곡, 벌판, 숲 모두 우리 부족의 아련한 추억이나 슬픈 경험이 깃든 성스러운 곳이다.

태양볕에 시달리며 고요한 해변가에 말 없이 누워 있는 듯이 보이는 장엄한 바위조차도 우리 부족의 운명과 관련된 과거의 사건을 떠올리며 전율하고 있다. 당신들 발 아래의 흙도 당신들보다는 우리의 발소리에 더욱 정답게 응답한다. 그 흙은 다름아닌 우리 조상들의 유골이기 때문이다. 우리의 맨발 또한 대지의 다정한 어루만짐을 느낄 수 있으니, 우리 형제들의 삶이 그 속에 충만해 있기 때문이다.

이곳에 살면서 큰 기쁨을 누렸지만 이제는 이름조차 잊혀진 세상을 뜬 용사들과 다정한 어머니들, 생기 발랄한 처녀들, 그리고 어린 아이들 모두 이 땅을 여전히 사랑한다. 그래서 황혼 녘이 되면 그들의 숨은 안식처는 어렴풋한 모습의 정령들이 출현하면서 짙은 그림자에 드리워진다.

수쿠아미쉬 족 어머니와 어린이

스클라람 족의 토템 기둥

마지막 홍인이 이 땅에서 사라지고 그에 대한 기억이 백인들 사이에 신화가 될 때도, 이곳 바닷가는 우리 부족의 보이지 않는 영혼들로 가득 채워질 것이다.

그리고 당신들의 아이들의 아이들이 들판이나 상점, 찻길 또는 고요한 숲속에서 혼자라고 생각할 때도, 그들은 혼자가 아닐 것이다. 이 세상 어느 곳도 고독을 위한 곳은 없다. 밤이 되어 당신네 도시와 마을 거리에 정적이 내려앉고 모든 인적이 끊긴 것으로 생각될 때도, 한때 이곳에 살았고 아름다운 이 땅을 여전히 사랑하는 영혼들이 모여들 것이다. 백인들만 있는 일은 결코 없을 것이다. 우리 부족을 공정하고 친절히 대해 주기 바란다. 죽은 사람이라고 해서 완전히 무력한 것만은 아니니.

저녁놀에 물든 퓨젓사운드(1899년)

곰 가면

연설의 역사와 배경

시애틀 추장의 연설을 둘러싸고 오랫동안 많은 논쟁이 전개되었다. 주요 쟁점은 그의 것이라고 널리 알려져 있는 연설문의 진위 여부에 집중된다. 물론 우리는 시애틀 추장이 말한 것을 정확히는 알 수 없다. 하지만 나중에 작성된 그의 연설문이 보여주고 있듯이, 그의 말이 아주 유창했다고 믿는다.

미국사를 전공한(MA) 역사교사 엘리 기퍼드Eli Gifford는 이 연설의 기원을 깊이 연구해 왔다. 다른 많은 연구자들과 마찬가지로 기퍼드는 연설의 기원과 진화 그리고 연설의 영향을 받아 씌어진 글들을 추적해 왔다.

기퍼드에 따르면, 이제는 유명해진 이 연설이 행해진 날은 1854년 1월 10일이며, 워싱턴 준주 Washington Territory(현재의 워싱턴 주는 1889년에 주로 승격되기 전까지 준주의 지위에 있었다. 워싱턴 준주는

1853년 설립되었다-역자 주)의 신임 지사이자 인디언 문제 판무관인 아이작 스티븐스Isaac Stevens(1853년 워싱턴 준주가 설립되면서 부임한 첫 주지사. 프랭클린 피어스Franklin Pierce 대통령에 의해 임명되었으며, 1857년까지 주지사로 일함-역자 주) 앞에서였다. 스티븐스는 "인디언 부족에 대한 기초적인 자료를 조사하고, 해협과 항구의 특징을 알아보기 위해"(Stevens, *The Life of Isaac Ingalls Stevens*) 현장 시찰중이었다.

그 회합에 참석한 사람 가운데 하나가 헨리 스미스 박사였다. 스미스 박사는 회담이 진행되는 과정을 그의 일기에 상세히 기록해 두었다. 안타깝게도 일기는 나중에 화재로 소실되고 말았다. 스미스 박사는 그 지역에 2년째 살고 있었고, 지역 인디언에 강한 흥미를 가졌다. 인디언 인부를 고용해 자신의 농장 일을 돕게 하는가 하면, 치누크자곤Chinook Jargon어(프랑스어, 영어, 인디언어에서 유래한 3백 낱말 가량의 약식 언어)에 대한 실용적 지식을 갖고 있었다.

시애틀은 자기 부족의 언어인 루슈트시드 Lushootseed어로 연설하였다. 루슈트시드어 연설은 치누크자곤어를 거쳐 다시 영어로 통역되었다. 이 과정에서 시애틀의 메시지는 몹시 단순화되었다.

가장 먼저 인쇄된 연설문은 스미스 박사가 쓴 것이다. 1887년 10월 29일자 《시애틀 선데이 스타》*Seattle Sunday Star*지에 〈초기 추억담〉Early Reminiscences Number Ten, Scraps from a Diary이라는 제목의 기사로 소개되었다. 이 연설문(이 책의 19~35면)은 빅토리아풍의 화려한 문체로 시애틀의 메시지를 표현하고 있다. 시애틀보다는 스미스의 배경이 영향을 미친 까닭이다. 하지만 부족 원로들의 자문을 거친 다음 수쿠아미쉬 박물관은 1982년에 스미스본이 시애틀 연설의 가장 정확한 기록이라고 결정하였다.

1960년대 후반에 텍사스 대학교 고전문학 교수인 윌리엄 애로스미스William Arrowsmith는 스미스가 쓴 시애틀 연설의 일부를 우연히 발견하게 된다. 시애틀의 말과 그리스 시인 핀다로스Pindaros 작품 사이의 유사성에 마음이 끌렸다. 자신의 발견에 고무된 애로스미스는 스미스 박사의 연설본을 구해 그것을 시애틀 시대에 그 지역의 부족들이 통상 사용하던 언어와 문장으로 개편하기로 마음 먹었다.

이들 부족의 전통 원로들과의 대화를 통해 애로스미스는 그들이 사용하던 의미의 문장으로 발전시킬 수 있었다. 이 책의 78면부터 90면 사이에 애로스미스본이 실려 있다.

시애틀 연설문 가운데 가장 잘 알려진 것은 테드 페리Ted Perry가 쓴 것이다. 그는 애로스미스와 가까운 친구 사이로 텍사스 대학교의 무대예술 교수이자 극작가였다. 페리가 쓴 연설본은 이 책 59면부터 77면 사이에 실려 있다. 페리는 남침례교 라디오 텔레비전 위원회와 몇 편의 영상물 대본을 집필하기로 계약을 맺고 있었다. 주제는 그가 고를 수 있었지만, 한 편은 지구의 오염에 관한 것이어야 했다. 1970년에 페리는 텍사스 대학교에서 열린 지구의 날 집회에 참석했다가 애로스미스가 자신이 고쳐 쓴 시애틀 연설문을 읽는 것을 들었다.

인디언 여인(1912년)

애로스미스의 허락을 얻은 페리는 애로스미스 연설본을 새롭고 허구적인 내용으로 고쳐, 〈홈〉Home이라고 이름붙인 환경 드라마의 나레이션으로 사용하였다. 〈홈〉의 홍보를 위해 위원회는 1만 8천 매의 포스터를 찍어 배포하였다. 거기에는 시애틀 추장의 연설이라는 설명과 함께 페리가 쓴 연설문이 표기되었다.(〈홈〉은 1972년에 ABC 텔레비전에서 방영되었다-역자 주)

우리는 시애틀 추장의 연설을 각색한 다양한 변형본이 있음을 알고 있다. 이 책에 수록된 연설본이 시애틀 추장의 정신, 그리고 사람과 사람, 사람과 지구가 조화롭게 살아가기를 바란 그의 꿈을 대표할 수 있기를 희망한다.

연설의 역사를 추적하는 우리의 의도는 많은 사람들에게 깊은 울림을 가져다준 그의 정신을 훼손시키는 일 없이 유용한 정보를 제공하기 위해서다.

시애틀 추장은 누구인가

시애틀 추장은 1786년에 귀족 집안에서 태어났다. 시애틀Seattle(루슈트시드어로는 si?al)은 백인 이주자들이 붙여준 이름이다. 백인들이 그의 원이름을 발음할 수 없었기 때문이다.

그의 아버지는 쉬웨아베Schweabe라는 이름의 수쿠아미쉬 추장이었다. 어머니 쉬올리차Scholitza는 두와미시 추장의 딸이었다. 시애틀은 두 번 결혼해, 첫째 부인에게서 안젤린이라는 이름의 딸을, 둘째 부인에게서 짐이라는 아들을 두었다. 다른 자녀들이 더 있었지만, 그들의 이름은 알려지지 않았다.

그는 1866년 7월 7일 포트 매디슨 인디언 보호구역Port Madison Indian Reservation에 자리한 올드맨하우스 Old Man House에서 여든한 살의 나이로 세상을 떠났다. 그리고 그가 죽은 곳에서 가까운 수쿠아미쉬 타운의 성 베드로 교회 묘지에 묻혔다.

워싱턴 주 시애틀 시의 파이오니어 광장에 있는 시애틀 추장의 동상.
1909년 제임스 웬 작

> 시애틀 노추장은 내가 지금껏 본
> 인디언 가운데 가장 키가 큰 사람이고
> 대단히 고귀한 풍모를 지녔다.

헨리 스미스는 그의 시리즈 〈초기 추억담〉Early Reminiscences에서 시애틀 추장을 이렇게 묘사하고 있다.

시애틀 노추장은 내가 지금껏 본 인디언 가운데 가장 키가 큰 사람이고 대단히 고귀한 풍모를 지녔다. 모카 신을 신은 그는 180센티미터는 되어 보였으며, 떡 벌어진 어깨에 두꺼운 가슴팍을 지닌 균형잡힌 몸매의 소유자였다. 크고 지적인 두 눈은 표정이 풍부하고 다정할 뿐 아니라 위대한 영혼의 다양한 감정을 온화하고 신뢰감있게 비춰주고 있었다. 근엄하고 위엄이 넘치는 시애틀은 침묵을 지키는 경우가 많았다. 하지만 중요한 시기에는 마치 소인국에 온 거인 타이탄Titan 같은 표정으로 운집한

군중 사이를 움직였으며, 그의 가벼운 말 한마디는 곧 법이었다.

부족회의에서 연설하거나 가르침을 주기 위해 그가 일어서면 모든 시선이 그를 우러러보았다. 그의 입술 사이에서는 굵은 어조의 낭랑하고 유창한 문장이 천둥소리처럼 흘러나왔다. 고갈되지 않는 원천을 지닌 폭포수가 떨어져 내리는 소리 같았다. 기품있는 그의 태도는 광대한 대륙의 군대를 통솔하던 세련된 군사 지도자처럼 고귀하였다. 사람을 감동시키는 힘과 위엄, 품위 그 어느 것도 획득된 것이 아니었다. 그것은 산앵두나무에 잎이 나고 꽃이 피듯이 자연스레 타고난 것이었다.

그의 영향력은 놀라웠다. 그는 황제와 같은 존재였지만 민주적인 성정을 지녔고, 자신의 충성스러운 신민을 자애로움과 부모 같은 인자함으로 통치하였다.

그는 백인들의 큰 관심을 받았지만 사리에 맞지 않게 처신하는 법이 없었다. 백인들과 한자리에 있게 될 때는 다른 어떤 곳에서보다도 더욱 참된 신사의 풍모를 보여주었다.

시애틀 추장의 젊은 시절에 대한 기록은 거의 없다. 그가 어떻게 해서 권력을 잡게 되었는지는 부족의 구전 역사를 통해 알 수 있을 뿐이고, 초기 백인 정착자들이 남긴 기록이 다소 남아 있다.

우리가 아는 바로는 젊은 시절에 그는 탁월한 군사 지도자이자 전략가로서 두각을 나타내었다. 그가 앞장서 북쪽에 사는 호전적인 부족들의 공격을 막아내었던 것이다. 다음은 수쿠아미쉬 족 사이에 전해 내려오는 시애틀 추장에 관한 전쟁 이야기다.

수쿠아미쉬 족과 퓨젓사운드 지역의 부족을 공격하기 위해 그린 강Green River과 화이트 강White River 유역의 내륙 지방에 사는 부족들이 집결하고 있다는 소식이 전해졌다. 그들은 전사의 수만도 백 명이 넘었다. 불미스러운 소식이었다. 전에도 그들이 쳐들어와 많은 부족 사람들이 죽거나 노예로 끌려간 일이 있었다. 방어 계획을 세우기 위해 부족 지도자

젊은 시절의 시애틀 추장

회의가 소집되었다. 다양한 의견이 검토되었으나 합당한 결론이 도출되지 못했다. 이때 시애틀이 나서 의견을 말했다. 그는 아직 젊은 나이였고, 지도자로서 검증되지 못한 처지였다. 하지만 그의 계획이 아주 뛰어났기에, 부족 지도자들은 그 안을 즉각 채택하였다.

공격해 오는 부족은 그린 강을 따라 내려올 것으로 알려졌다. 강이 크게 휘어진 곳에 물살이 빠른 여울이 자리하고 있었다. 시애틀은 큰 나무를 베어 쓰러뜨리도록 했다. 가지를 잘라내고 강물 속에 나무를 붙잡아 매었다. 카누에서 보이지 않도록 하기 위해서였다. 시애틀과 부족원들은 숲속에 몸을 숨기고 적이 다가오기를 기다렸다.

곧 침입자들이 강을 타고 내려왔다. 그들의 카누가 나무를 들이받았을 때, 배가 뒤집어지고 침입자들은 급류에 휩쓸렸다. 많은 사람들이 바위에 부딪치고 물에 빠져 죽었다. 강물을 벗어나 강가로 오르는 사람들은 창과 화살 세례를 받아야 했다. 뒤따라오던 침입자들은 상황을 알아채고 카누를

군사적 성공과 탁월한 웅변 능력
덕분에 시애틀은 빠른 속도로 명성을
얻고, 그의 부족 사이에서 큰 존경을
받는 자리에 오르게 되었다.

버리고 도망쳤다. 침입자들은 완전히 격퇴되었다.
수쿠아미쉬 사람들은 크게 기뻐하며 여러 날
동안 승전 잔치를 벌였고, 전공을 세운 시애틀을
칭송하였다.

　전설에서 말하는 이같은 군사적 성공과 탁월한
웅변 능력 덕분에 시애틀은 빠른 속도로 명성을
얻고, 그의 부족 사이에서 큰 존경을 받는 자리에
오르게 되었다. 1808년 22살의 나이로 시애틀은
두와미시 족과 수쿠아미쉬 족 두 부족의 추장이
되었다.
　1838년에 시애틀 추장은 다른 부족의 지도자들과
함께 허드슨 베이 컴퍼니Hudson Bay Company와의

바다를 항해할 수 있는 수쿠아미쉬 족의 카누

협정문에 서명하였다. 광범위한 관습으로 존재하던 복수 살인을 종식하기 위한 것이었다. 1840년대가 되자 그는 전쟁 지도자에서 평화 지도자로 전환하였다. 그는 백인 정착자들에게 대추장이자 퓨젓사운드에서 가장 영향력있는 사람의 하나로 알려졌다. 그로부터 얼마 지나지 않아 그는 가톨릭 교회를 통해 기독교로 개종하고 노아 세알트Noah Sealth라 개명하였다. 노아 세알트는 시애틀 추장Chief Seattle이라는 이름과 나란히 그의 묘비에 새겨진 이름이다.

1853년에 새로 지명된 워싱턴 준주의 지사이자 인디언 문제 판무관인 아이작 스티븐스가 퓨젓사운드 지역에 도착했다. 1854년, 그는 주내의 모든 인디언 부족과 조약을 체결하라는 지시를 받는다. 인디언들의 땅 소유권을 박탈하기 위해서였다.

스티븐스는 야심가로서 태평양까지 이어지는 철로를 개설함으로써, 새로운 땅에서 부를 일굴 기회를 잡으려 했다. 한 전기작가는 "그의 기질, 교육, 그리고 경력이 군주처럼 업무에 임하는 최적의 상태로 그를 만들었다"(Kent Richards, *Isaac I. Stevens*)고 썼다.

그는 명백한 운명론의 신봉자로서, 이 지역의 원주민들이 자신들의 문화가 붕괴되는 것을 환영한다고 생각하는 특이한 견해를 갖고 있었다. 인디언국에 보낸 리포트에서 그는 이렇게 썼다.

"부족의 빠른 멸종은 유감스러운 일이라기보다는 오히려 희망적인 일이다. 그들은 일종의 체념 속에서 그같은 일이 일어나기를 기다리고 있다."(Stevens, 앞의 책)

당시의 일부 목격자들은 조약이 체결되는 과정에서 보여준 그의 행동이 워싱턴 준주에서 일어난 인디언 전쟁, 곧 1855년부터 1856년 사이의 야카미 전쟁Yakami War의 원인이 되었다고 믿었다.

정착지 개발이 더욱 진전됨에 따라 퓨젓사운드 부족들의 전통적인 사냥 어로 지구는 백인 정착자들에게 무단 점용되어 더 이상 의미가 없게 되었다. 시애틀 추장은 정착자들의 유입에 저항해 보았자

헛일이라는 것을 깨닫고 그의 부족을 위해 최상의 조건을 협상하는 데 힘쓰는 한편, 그들과 좋은 관계를 유지하기 위해 자신이 할 수 있는 모든 일을 다했다.

스티븐스 지사는 포인트 엘리어트 조약Point Elliott Treaty뿐 아니라 워싱턴 주에서 체결된 다른 네 조약에서도 협상단의 수석 대표였다. 협상은 영어로 진행되고, 치누크자곤어로 통역한 다음 살리쉬Salish어의 두 가지 방언으로 다시 통역되었다. 언어의 문제는 통역상의 어려움을 야기시켰고, 오늘날까지 끈질기게 이어지는 오해를 만들어냈다.

1855년 1월 22일, 포인트 엘리어트 조약은 퓨젓사운드 지역의 20개가 넘는 부족의 비준을 받았다. 조약에 동의함으로써 여기에 참가한 부족들은 조상 대대로 사용해 온 광대한 땅의 사용권을 포기했다. 수쿠아미쉬 족은 미국 정부에 8만 7,130에이커의 땅을 양도하였다. 그들에게는 7,486에이커의 땅만 남았다. 조약문에 따르면,

수쿠아미쉬 부족은 땅을 판 대가로 15만 달러의
연금을 받았다. 이사비와 정착지를 건설하는
비용으로 1만 5천 달러가 더 지급되었다. 양도한
땅을 포함한 조상 대대로 살아온 땅에서 물고기를
잡을 수 있는 권한과 소유권이 없는 땅에서
사냥을 하고 식량 자원을 채집하는 권리는 그대로
유지되었다. 그들은 백인 정착자들과 우호 관계를
유지하고, 방어를 위한 경우를 제외하고는 다른
부족과 전쟁을 하지 않으며, 범법자를 숨겨주지
말아야 했다. 노예를 풀어주고 노예제도를 폐지하는
데도 합의했다. "미국 정부는 조약에 따라 20년
동안 목수, 대장장이, 생필품 가게, 농부, 의사,
필수 의약품을 지원하는 한편, 농업 및 산업 학교를
세우고 교사를 파견하기로 했다."(포인트 엘리어트
조약)

나무통 안을 파내 만든 카누

어떻게 공기를
팔 수 있다는 말인가

극작가 테드 페리 수정본
환경 드라마 〈홈〉의 나레이션

우리에게는 이 땅의 모든 것이 신성하다. 반짝이는 솔잎, 바닷가 모래톱, 짙은 숲속의 안개, 빈 들판, 청아한 벌레 울음소리, 이 모든 것들이 우리의 기억과 경험 속에서 거룩하다. 나무 줄기 속을 흐르는 수액은 홍인의 기억을 실어나른다.

백인은 죽으면 자신이 태어난 고향을 잊은 채 별무리 사이를 헤맨다. 우리는 죽어서도 이 아름다운 땅을 잊는 법이 없다. 이 땅이 홍인들의 어머니이기 때문이다. 우리의 죽은 조상들은 이 땅을 굽이쳐 흐르는 강, 봄이 다가오는 조용한 발자국 소리, 호수

워싱턴 주 올림피아에서 열린 조약 반대 모임(1864년)

수쿠아미쉬 부족 센터의 나무 조각

우리는 이 땅의 일부이고, 이 땅은
우리의 일부이다. 향기로운 꽃은
우리의 자매이고, 사슴, 말, 위대한
독수리는 우리의 형제다.

수면 위의 반짝이는 물결, 형형색색의 아름다운 새,
이 모든 것들을 기억하고 사랑한다. 우리는 이 땅의
일부이고, 이 땅은 우리의 일부이다. 향기로운 꽃은
우리의 자매이고, 사슴, 말, 위대한 독수리는 우리의
형제다. 바위산 산마루, 풀밭에 맺힌 이슬, 조랑말의
체온, 그리고 인간까지 우리 모두는 한가족이다.
그래서 워싱턴에 있는 대추장이 우리 땅을 사고
싶다는 전갈을 보내왔을 때, 그는 받아들이기 어려운
요구를 하고 있는 것이다.

　당신네 백인 형제들이 계절이 다시 돌아옴을
믿듯이, 워싱턴의 대추장은 나 시애틀의 말을 믿어도
좋다. 내 말은 하늘의 별과 같다. 별은 지지 않는다.

워싱턴 추장은 우정과 선의의 말도 전해 왔다.
친절한 일이다.

우리 땅을 사겠다는 당신의 제안을 깊이 고려해
보겠다. 그것은 쉬운 일이 아니다. 이 땅은 우리에게
신성하기 때문이다. 우리는 숲속이나 춤추듯
흘러가는 시냇물에서 기쁨을 얻는다. 개울 속을
흐르는 물은 물이 아니라 우리 조상들의 피다.
만일 우리가 당신에게 이 땅을 판다면, 당신은 이
땅이 우리에게 신성하다는 것을 명심해야 한다.
그리고 당신네 자손에게도 이 땅이 신성하다는 것을
영원토록 가르쳐야 한다.

맑은 호숫물 속에 비친 신령스러운 모습 하나
하나가 우리 부족의 삶 속을 거쳐간 사건과 기억을
말해 주고 있다. 재잘거리는 물소리는 우리
아버지의 아버지가 들려주는 목소리다. 강은 우리
형제다. 우리의 갈증을 풀어준다. 양켠 언덕 사이의
부드러운 팔로 강은 우리가 가고 싶은 곳까지 카누를
날라준다.

만일 우리가 땅을 판다면, 당신은 명심해야 하고
당신네 아이들에게 가르쳐야 한다. 강은 우리의 형제
이고 당신들의 형제라는 사실을. 그리고 이제부터는
다른 형제에게 베풀듯 친절하게 강을 대해야 한다.

나 시애틀 추장은 워싱턴 추장의 제안을 고려할
것이다. 깊이 고민할 것이다. 떠오르는 아침 해에
산자락을 휘감고 있던 안개가 달아나듯, 진군해 오는
백인 앞에서 우리 홍인들은 언제나 뒤로 물러서왔다.
우리에게 조상들의 유골은 신성하다. 조상의 무덤은
거룩한 곳이고, 무덤 주위의 나무와 언덕 모두

신성하다. 우리에게는 종교적인 의미를 지니는
곳이다.

  백인들은 이해하지 못한다. 백인에게는 어떤
장소의 땅도 그 옆의 땅이나 마찬가지일 뿐이다.
그들은 한밤중에 나타나서는 필요한 땅을
빼앗아가는 떠돌이이기 때문이다. 땅은 그들의
형제가 아니라 적이다. 싸움에서 이기고 나면 그들은
다시 다른 곳으로 떠나간다. 그들은 조상들의 무덤을
남겨놓고 떠나왔다. 그러고도 개의치 않는다. 자신의
아이들의 땅을 빼앗고서도 아무렇지 않아 한다.
백인들은 아버지의 무덤과 자녀들의 타고난 권리를
잊고 산다. 그들은 어머니인 대지와 형제인 하늘을
양이나 빵, 영롱한 구슬처럼 사고 빼앗고 팔 수 있는
물건으로 취급한다. 그리하여 굶주린 이리떼처럼
풍요로운 대지를 걸신 들린 듯 먹어 치우고는
황무지만 남겨놓는다.

  백인들은 생존을 위해 자기의 꼬리를 잘라먹는

이동식 주거지에서 증기선을 바라보는 인디언(1894년)

뱀과 같다. 꼬리는 점점 짧아질 것이다. 우리의 방식은 당신들과는 다르다. 우리는 지표면에 박힌 검정 사마귀 같은 당신네 도시에서는 살 수 없다. 백인들의 도시 모습은 어두운 동굴에서 밖으로 나오면 눈을 찌르는 햇살처럼 홍인의 눈에 고통을 줄 뿐이다. 백인들의 도시에는 조용한 곳이 없다. 초목의 새순이 자라며 펼쳐지는 봄의 소리며 바스락거리는 곤충들의 날개짓 소리를 들을 곳이 없다. 백인들의 도시에는 사태를 피해 달아나려고 애쓰는 사람들뿐이다. 소음만이 귀청을 뚫는다. 그러나 개똥지빠귀의 외로운 울음 소리나 밤새 연못가에서 개골거리는 개구리 소리를 들을 수 없다면, 우리네 삶에 무엇이 남는단 말인가?

나는 홍인이다. 그래서인지 이해할 수가 없다. 나는 연못 위를 질러 달려가는 바람과 한낮의 소낙비에 씻긴 바람 고유의 내음이 좋다. 공기는 우리 홍인들에게 무척 소중하다. 짐승과 나무, 인간 모든 만물이 같은 공기를 마시며 함께 숨쉬기

때문이다. 백인들은 자신들이 숨쉬는 공기가 오염
되어도 아무런 주의를 기울이지 않는다. 오랫동안
병상에 누워 있던 사람처럼 그들은 악취에 무감각
하다.

그러나 만일 우리가 땅을 팔게 된다면, 당신은
명심해야 한다. 우리는 물론 나무와 짐승들에게도
공기가 소중하다는 사실을. 바람은 인간에게 첫
숨결을 주고, 마지막 숨을 받아낸다. 만일 우리가
당신에게 땅을 판다면, 성스러운 곳으로 잘 간수해
달라. 백인들조차 들꽃 향내 넘치는 감미로운 바람을
맡을 수 있는 곳으로.

우리 땅을 사겠다는 당신의 제안을 고려하겠다.
제안을 받아들이기로 결정하기에 앞서, 지금 여기서
분명히 해두고 싶은 한 가지 조건이 있다. 백인들이
이 땅의 동물을 형제로 대해야 한다는 것이다.
대초원에서 수많은 물소들이 썩어가고 있다는
이야기를 들었다. 달리는 기차에서 백인들이 총으로

모든 동물이 사라져 버린다면 인간도
극도의 외로움 속에서 죽고 말 것이다.
동물에게 일어난 일은 인간에게도
똑같이 일어난다.

쏘아 죽이고는 내버려둔 것들이다. 나는 이해할 수가
없다. 우리에게 동물은 형제이고, 우리는 생존을
위해 필요한 경우에만 살생을 한다. 우리가 당신에게
이 땅을 판다면 백인들도 그렇게 해야 한다. 동물은
우리의 형제이기 때문이다. 동물이 없는 세상이란
인간에게 도대체 무엇인가? 지렁이조차 땅을
부드럽게 만들어 사람이 그 위를 편안히 걸을 수
있게 해준다. 모든 동물이 사라져 버린다면 인간도
극도의 외로움 속에서 죽고 말 것이다. 동물에게
일어난 일은 인간에게도 똑같이 일어난다. 모두 같은
공기를 마시며 숨쉬기 때문이다.

　우리 땅을 사겠다는 당신의 제안을 고려하겠다.

빨리 결정해 달라고 사람을 보내 독촉하지 마라. 우리의 독자적인 시간 속에서 결정할 것이다. 우리가 받아들여야만 한다면, 여기 조건이 있다. 우리 아버지, 어머니, 친구들의 무덤을 자유로이 방문할 권리가 부여되어야 하고, 백인들이 우리 무덤의 신성함을 훼손해서도 안된다. 무덤은 햇빛을 받고 비를 맞을 수 있도록 항상 열려 있어야 한다. 그러면 물방울이 푸른 새싹 위로 부드럽게 떨어져 천천히 스며들고, 우리 조상들의 마른 입술을 적셔 갈증을 풀어줄 것이다.

만일 우리가 이 땅을 당신에게 판다면, 한 가지 조건을 덧붙여야겠다. 당신네 아이들에게 그들이 딛고 서 있는 발밑의 땅이 우리 부족의 발걸음에 더 정답게 응답한다는 사실을 가르쳐야 한다. 우리 형제들의 삶이 그 속에 충만해 있기 때문이다. 우리가 우리 아이들에게 가르친 것을 당신네 아이들에게도 가르치기 바란다. 땅은 우리의 어머니다. 땅에 어떤 일이 일어난다면 땅의

인간이 생명의 그물을 짜는 것은
아니다. 그들은 단지 그물 속의 한
올에 지나지 않는다.

아들에게도 똑같은 일이 닥칠 것이다. 땅에 침을
뱉으면 그것은 자신에게 침을 뱉는 것과 같다.
땅이 백인에게 속한 것이 아니라 백인이 땅에 속해
있음을 우리는 안다. 세상 만물이 가족을 묶어주는
핏줄처럼 연결되어 있다는 것을 우리는 안다. 만일
뱀을 죽인다면, 들쥐가 번식하여 우리의 곡식을 망칠
것이다.

모든 것은 연결되어 있다. 땅에 닥치는 일은
무엇이든 땅의 아들과 딸에게도 일어난다. 인간이
생명의 그물을 짜는 것은 아니다. 그들은 단지
그물 속의 한 올에 지나지 않는다. 그들이 그물에
저지르는 행위는 곧 자신에게 저지르는 것이다.

밤과 낮은 함께 살 수 없다. 우리는 당신의
제안을 고려할 것이다. 백인들이 사려고 하는 것이
무엇인지를 우리 부족 사람들은 내게 묻는다.
우리에게는 너무 생소한 까닭이다. 어떻게 하늘을
사고 팔 수 있으며, 대지의 온기, 영양의 신속함을
사고 팔 수 있다는 말인가? 어떻게 이런 것들을
우리는 팔고 당신들은 살 수 있다는 말인가? 홍인이
종이 한 장에 서명해 백인에게 주었다고 하여 당신들
마음대로 해도 좋은 당신네 땅이 되는 것인가?
공기의 신선함과 물의 반짝임을 우리가 소유하고
있는 것도 아닌데, 어떻게 당신은 그것을 우리에게서
사겠다는 말인가? 마지막 물소가 죽고 나면 그것을
되살 수 있는가?

그러나 우리는 당신의 제안을 고려할 것이다.
잠깐의 힘을 갖고 백인들은 자신들이 어머니인
대지와 누이인 강, 그리고 자신의 붉은 형제들을
마음대로 다룰 수 있는 신인 줄 안다. 그러나 자기
어머니와 누이와 형제를 사고 파는 사람들은 자신의

몸을 따뜻이 하기 위해 자기 아이들을 불태울 수도 있다.

우리 땅을 사겠다는 당신의 제안을 고려할 것이다. 밤과 낮은 함께 살 수 없다. 당신의 제안은 공정해 보인다. 우리 부족원들은 그 제안을 받아들여 당신들이 제공하는 보호구역으로 이주할 것으로 생각된다. 우리는 서로 떨어져서 평화롭게 살 것이다.

부족이란 사람들이 모여 형성된 것일 뿐, 특별할 것도 없다. 사람은 바다의 파도처럼 왔다가 간다. 백인들 역시 사라질 것이다. 어쩌면 다른 모든 종족보다 먼저 사라질지 모른다. 자신들의 잠자리를 계속 더럽힌다면 스스로 저지른 오염더미 위에서 어느 날 질식하고 말 것이다.

비참한 최후를 맞이할 때 당신들을 이 땅으로 데려오고 특별한 목적 아래 이곳을 지배하게 해준

덤불은 어디에 있는가? 사라졌다.
독수리는 어디에 있는가? 사라졌다.
날랜 조랑말과 사냥에 작별을 고하는
것은 무슨 의미인가? 생명의 끝이자
생존경쟁의 시작이다.

신의 손으로 불태워져 환히 빛날 것이다. 그같은
운명이 우리에게는 신비롭기만 하다. 물소들이
모두 죽임을 당하고, 야생마들이 길들여지고,
숲속의 비밀스러운 구석까지 사람의 냄새가
넘쳐나고, 전화줄이 풍요로운 언덕의 경관을 해칠
때, 도대체 생명이 어찌 되어가는 것인지 이해할 수
없기 때문이다. 덤불은 어디에 있는가? 사라졌다.
독수리는 어디에 있는가? 사라졌다. 날랜 조랑말과
사냥에 작별을 고하는 것은 무슨 의미인가? 생명의
끝이자 생존경쟁의 시작이다.

　백인들의 신은 어떤 특별한 이유 때문에 백인들로

하여금 짐승과 숲과 홍인을 지배하게 하였다.
그러나 그같은 운명이 홍인에게는 신비롭기만
하다. 그들이 꾸는 꿈이 무엇인지, 긴 겨울 밤 동안
그들이 아이들에게 들려준 희망이 무엇인지, 내일
이루기 위한 열망으로 두 눈을 발갛게 충혈시켜야
했던 비전이 무엇인지 알았더라면, 혹 이해했을지
모르겠다. 그러나 백인들의 꿈은 우리에게는
감추어져 있다. 그들의 꿈이 감추어져 있기 때문에
우리는 우리 자신의 길을 갈 것이다.

우리는 우리 땅을 팔라는 당신의 제안을 고려할
것이다. 우리가 동의한다면, 당신이 약속한 보호
구역을 보장받게 될 것이다. 아마도 우리는 우리가
바라는 대로 그곳에서 살다가 얼마 남지 않은 생애를
마감하게 될 것이다. 우리 사이에는 공통점이라곤
없다.

우리가 당신에게 우리 땅을 판다면, 그 땅은 한때
이곳에 살면서 행복했던 용감한 젊은이들, 가슴

따뜻한 어머니들, 총명한 여인들, 그리고 어린 아이들로 가득 할 것이다. 당신들은 죽어서 별무리 사이를 헤매지만, 우리는 죽더라도 우리가 사랑한 땅으로 다시 돌아온다. 당신들이 먼 훗날 산과 나무와 강과 공기를 파괴하지 않는다면, 백인들끼리만 있는 일은 결코 없을 것이다. 만일 이 땅에 그런 일이 일어난다면, 이 땅을 사랑하는 우리의 죽은 영혼들은 더 이상 다시 돌아오거나 그들이 사랑하던 것들을 찾지 않게 될 것이다. 그러면 눈을 찔러 오는 한낮의 눈부신 햇빛과 지독한 외로움 속에서 백인들은 자신들이 만든 사막을 걷게 될 것이다.

내 말은 하늘의 별과 같다

월리엄 애로스미스 개정본

형제여! 우리를 내려다 보는 저 하늘은 오랜 세월 동안 우리 조상들을 동정해 왔다. 우리에게 하늘은 여전히 변함이 없어 보이지만, 이제는 변하려 한다. 오늘은 맑다. 내일은 어쩌면 구름으로 뒤덮일지 모른다.

내 말은 하늘의 별과 같다. 별은 지지 않는다. 당신네 백인 형제들이 계절이 다시 돌아옴을 믿듯이, 워싱턴 대추장은 나 시애틀의 말을 확실히 신뢰해도 좋다.

백인 추장이 보낸 젊은이가 말하기를 그들의 대추장이 우리에게 우정과 선의의 말을 보낸다고

내 말은 하늘의 별과 같다. 별은 지지
않는다. 계절이 다시 돌아옴을 믿듯이,
나의 말을 신뢰해도 좋다.

한다. 친절한 일이다. 그들에게 우리의 우정 따위는
필요하지 않음을 잘 알기 때문이다. 그들은 대지를
덮고 있는 풀처럼 수가 많다. 우리 부족은 폭풍우가
휩쓸고 지나간 벌판에 듬성듬성 남아 있는 나무처럼
수가 적다.

위대하고 선한 사람으로 짐작되는 백인 추장은
우리가 살고 있는 땅을 사고 싶다는 말도 전해
왔다. 그 대신 우리가 편히 살 수 있는 땅을 마련해
주겠다는 것이다. 관대해 보인다. 홍인紅人은 이미
존경 받을 권리를 잃어버렸기 때문이다. 우리에게 더
이상 넓은 땅이 필요한 것도 아니기 때문에 그것이
현명할지도 모르겠다.

인디언 마을

조개 껍질 널려 있는 갯벌을 바람 타고 가로질러 오는 밀물처럼 한때는 우리 부족이 이 땅을 뒤덮은 적이 있었다. 그러나 그 시절은 지나가버렸다. 더불어 부족의 위대함도 이제는 거의 잊혀졌다.

하지만 나는 우리 부족의 소멸을 슬퍼하지 않을 것이다. 우리의 몰락을 초래한 백인 형제들을 비난하지도 않을 것이다. 우리 역시 아마 부분적으로는 비난 받을 점이 있을 것이기 때문이다. 우리 부족의 젊은이들은 불의에 분노하게 되면, 검정 물감으로 자신들의 얼굴을 흉측하게 일그러뜨린다. 그 불의가 사실이든 혹은 상상 속에서 만들어진 것이든. 그러면 그들의 마음 역시 흉측하고 검게 변한다. 그들은 무자비할 뿐 아니라, 그들의 잔혹성은 끝을 모른다. 하지만 우리 늙은이들은 그들을 만류할 수 없다.

홍인과 백인 형제들 사이에 다시는 전쟁이 일어나지 않기를 바란다. 그것은 해만 될 뿐 아무런 이득이 없다. 젊은이들은 자신들의 목숨을 잃더라도 복수를 통해 얻을 게 있다고 생각한다. 하지만 전쟁 때 뒤에 남아 있는 늙은이들과 아들을 잃게 될 어머니들은 생각이 다르다.

우리의 위대하고 선한 아버지 워싱턴은, 그의 종족 가운데 대추장의 한 사람임이 분명한 젊은이를 통해, 그가 원하는 대로 따르면 우리를 보호해 주겠다는 전갈을 보내왔다. 조지가 그의 영토를 북쪽까지 넓혔으므로 워싱턴은 이제 당신들뿐 아니라 우리의 아버지이기도 하다.

그의 용감한 병사들은 우리 부족을 보호하는 튼튼한 벽이 될 것이고, 그의 거대한 전함들은 우리 항구를 채우게 될 것이다. 그러면 북방에 있는 우리의 오랜 적 하디아스 Hadias 족과 씸시안스 Tsimshians 족이 더 이상 우리 부족의 여인네들과 노인들을 위협하지 못할 것이다. 그러면 그는 우리의 아버지가 되고, 우리는 그의 자녀들이 될 것이다.

하지만 그런 일이 과연 가능할까? 당신들의 신은 당신들을 사랑할 뿐 우리 부족은 미워한다. 그는 튼튼한 팔로 백인들을 감싸 안고 아버지가 어린 아들을 이끌어주듯이 그들의 손을 잡아 끌어준다. 그는 피부가 붉은 자녀들은 내버렸다. 당신들의 신은 하루가 다르게 당신들을 강하게 만들고 있다. 조만간 백인들로 온 대지가 넘쳐날 것이다. 하지만 우리 부족은 썰물이다. 다시는 돌아오지 않는다.

절대로 백인들의 신은 피부가 붉은 자식들은 사랑할 수 없다. 그렇지 않다면 우리를 보호해 주었을 것이다. 이제 우리는 고아다. 우리를 도와줄 사람은 아무도 없다.

그러니 어떻게 우리가 형제가 될 수 있겠는가? 어떻게 당신들의 아버지가 우리 아버지가 될 수 있겠는가? 어떻게 우리를 번영하게 해주고, 위대한 미래에 대한 꿈을 가져다 줄 수 있겠는가? 당신들의 신은 편파적이다. 그는 백인을 찾아왔다. 우리는 그를 본 적도 그의 음성을 들은 적도 없다. 그는 백인들에게는 율법을 주었지만, 촘촘한 하늘의 별처럼 한때 이 땅을 가득 채웠던 붉은 자식들에게는 아무런 말도 들려주지 않았다. 그렇다! 우리 둘은 서로 다른 종족이고, 서로 다르게 살아야 한다. 우리 사이에는 공통점이라곤 없다.

우리에게 조상들의 유골은 신성하다. 조상의 무덤은 거룩한 곳이다. 하지만 당신들은 떠돌이일 뿐이다. 조상들의 무덤을 남겨놓고 떠나왔다. 그러고도 개의치 않는다.

당신들의 종교는 성난 신의 강철 손가락으로 석판 위에 씌어졌다. 그러니 잊어버리는 일은 없을 것이다. 홍인은 그런 것은 이해할 수도 기억할 수도 없다.

우리의 신앙은 우리 조상들의 삶의 방식이자 위대한 정령이 가져다준 지혜로운 노인의 꿈이며,

우리 추장들의 예지력이다. 그리고 그것은 우리 부족의 가슴 속에 새겨져 있다.

당신들의 죽은 조상은 무덤 너머로 사라지기 무섭게 당신들과 자신의 고향을 잊고 별 무리 사이를 헤매고 돌아다닌다. 이내 잊혀지고 다시는 돌아오지 않는다.

우리 조상들은 이 아름다운 땅을 절대 잊지 않는다. 땅은 그들의 어머니다. 그들은 이 땅의 모든 강과 웅장한 산, 계곡을 변함없이 사랑하고 기억한다. 그들은 살아 있는 사람들을 그리워하고, 마찬가지로 외로운 존재인 산 자들 또한 죽은 조상을 그리워한다. 조상들의 영혼은 종종 우리를 찾아와 위로해 주곤 한다.

절대로 밤과 낮은 함께 살 수 없다. 떠오르는 아침 해에 산자락을 휘감고 있던 안개가 달아나듯, 진군해 오는 백인 앞에서 우리 홍인들은 언제나 뒤로 물러서왔다.

　그러니 당신들의 제안은 공정해 보인다. 우리 부족원들은 그 제안을 받아들여 당신들이 제공하는 보호구역으로 이주할 것으로 생각된다. 우리는 서로 떨어져서 평화롭게 살 것이다. 백인 대추장의 말이 짙은 어둠 속에서 우리 부족에게 들려주는 대자연의 목소리처럼 들리기 때문이다. 한밤의 바다에서 육지로 밀려오는 밤 안개처럼 어둠이 우리를 에워오고 있다.

　우리가 어디서 여생을 보낼 것인지는 별로 중요하지 않다. 남은 시간이 얼마 되지도 않는다. 인디언들의 밤은 칠흑같이 어두울 것이다. 그들의 지평선 위에는 단 하나의 별빛도 보이지 않는다.

가혹한 운명이 홍인을 뒤쫓고 있다.
사냥꾼의 발소리를 듣고 있는 상처
입은 암사슴마냥, 어디를 가든
파괴자가 다가오는 발자국 소리를
들으며 죽음을 준비해야 한다.

바람이 슬프다. 가혹한 운명이 홍인을 뒤쫓고
있다. 사냥꾼의 발소리를 듣고 있는 상처 입은
암사슴마냥, 어디를 가든 파괴자가 다가오는 발자국
소리를 들으며 죽음을 준비해야 한다.

달이 몇 번 찼다가 기울고 몇 번인가의 겨울을
보내고 나면, 한때는 이 광대한 땅을 지배했건만
이제는 작은 무리로 흩어져 숲속을 떠돌고 있는
위대한 부족의 후손은 아무도 남지 않게 될 것이다.
그러면 한때 당신들만큼이나 강하고 희망에 넘쳤던
우리 부족의 무덤 앞에서 슬퍼해 줄 사람 하나 없게
될 것이다.

하지만 왜 내가 우리 부족의 소멸을 슬퍼해야
하는가? 부족이란 사람들이 모여 형성된 것일 뿐,
특별할 것도 없는 것이거늘. 사람은 바다의 파도처럼
왔다가 간다. 눈물도, 위대한 정령을 향한 기도도,
만가輓歌도, 사람도 우리의 그리운 시야에서 영원히
사라져버렸다.

친구 사이에서 그러하듯 자신들의 신과 함께 걷고
대화를 나누는 백인들조차도 이 공통의 운명에서
벗어날 수는 없다. 결국 우리는 한형제일지 모른다.
언젠가 알게 될 것이다.

당신들의 제안을 곰곰이 생각해 보겠다. 결정이
나면 알려주겠다. 하지만 제안을 받아들이게
되더라도, 여기 이 자리에서 분명히 하고 싶은
조건이 있다. 그것은 우리 조상과 친구들의 무덤을
언제든 방문할 수 있는 권리를 인정해 달라는
것이다.

우리에게는 이 땅의 구석구석 모두가 다 성스럽다. 언덕, 계곡, 벌판, 숲 모두 우리 부족의 추억과 경험이 깃든 성스러운 곳이다.

해변가에 말없이 놓여 있는 바위에도 우리 부족의 온갖 사건과 기억들이 새겨져 있다. 당신들 발 아래의 흙도 당신들보다는 우리의 발소리에 더욱 정답게 응답한다. 그 흙은 다름아닌 우리 조상들의 유골이기 때문이다. 우리의 맨발 또한 비슷한 감촉을 느낄 수 있다. 우리 형제들의 삶이 그 속에 충만해 있기 때문이다.

한때 이곳에 살면서 행복했던 젊은이들, 어머니들, 소녀들, 어린 아이들 모두 이 쓸쓸한 땅을 여전히 사랑한다. 그래서 황혼 녘이 되면 죽은 사람들이 출현하면서 숲은 더욱 어두워진다.

마지막 홍인이 이 땅에서 사라지고 그에 대한 기억이 백인들 사이에 이야기로 전해질 때도, 이곳

바닷가는 여전히 우리 부족의 보이지 않는 영혼들로 가득 채워질 것이다. 그리고 당신들의 아이들의 아이들이 들판이나 숲, 상점, 찻길 또는 고요한 숲속에서 혼자라고 생각할 때도, 그들은 혼자가 아닐 것이다.

홀로 있을 수 있는 곳은 어디에도 없다. 밤이 되어 당신네 도시와 마을 거리에 정적이 내려앉아 아무도 없다고 생각될 때도, 한때 이곳에 살았고 아름다운 이 땅을 여전히 사랑하는 영혼들이 모여들 것이다. 백인들만 있는 일은 결코 없을 것이다.

그러니 우리 부족을 공정하고 친절히 대해 주기 바란다. 죽은 사람도 힘이 있다.

오늘의 수쿠아미쉬 족

수쿠아미쉬 족이 사는 포트 매디슨 인디언 보호구역은 1854년의 포인트 엘리어트 조약에 의해 만들어졌다. 수쿠아미쉬 족과 다른 몇몇 부족에게는 그들이 독점적으로 사용할 수 있는 7,486에이커의 땅이 킷샙Kitsap 카운티 안에 주어졌다. 킷샙 반도 안에 위치한 카운티 내의 아름다운 지역으로 오늘의 시애틀 시에서 퓨젓사운드 만을 가로지른 서쪽에 놓여 있다. 조약에 따라 그들에게는 보호구역 주변 지역을 계속 사용하는 권리가 허용되었다. 그 결과 올림픽 반도Olympic Peninsula 북동쪽 끝의 넓은 지역에서 고기잡이, 사냥, 그리고 조개잡이를 포함한 채집 활동을 할 수 있게 되었다. 킷샙 카운티의 대부분과 퓨젓사운드 전체, 그리고 북쪽으로 캐나다에 이르는 수변공간까지를 아우르는 범주다.

1885년에 체결된 조약은 수쿠아미쉬 부족에게 주권을 행사하는 자치정부의 지위를 공식으로 부여하였다. 현재 정부가 자리하고 있는 곳은 수쿠아미쉬 마을 근처의 수쿠아미쉬 부족센터 내이다.

2005년 기준으로 수쿠아미쉬 부족원의 수는 천 명이 넘고, 등록된 부족원 모두가 참여하는 이른바 수쿠아미쉬 총회가 구성되어 있다. 7명의 부족회의 위원은 총회 원로들의 투표로 선출되며, 헌법과 부속법률에 의해 운영된다. 그들은 부족의 사업을 돌보고, 행정 업무에 종사하는 직원들을 통솔한다.

1979년에 세워진 부족센터는 부족 내의 모든 공식적인 활동이 이루어지는 곳이다. 행정, 어업, 천연자원, 지역개발, 재정, 대민봉사, 건물관리, 문화자원, 인사법무, 자치 등을 맡는 사무실이 들어 있고, 부족회의 회의실과 수쿠아미쉬 박물관도 자리하고 있다.

주권을 가진 자치정부로서 수쿠아미쉬는 자신의 법률을 제정하고, 공공안전 부서를 통해 법률을

워싱턴 주 중서부 캐스케이드 산맥의 최고봉(4,392미터)으로
이 지역 인디언들의 정신적 지주인 레이니어 산

스코코미쉬 바구니(1912년)

집행한다. 법률을 위반하는 행위는 부족 법정을 열어 다루거나 중재를 통해 해결한다. 부족센터 안에 어린이집을 운영하고, 부족회의를 지원하는 원로회의와 청년위원회를 두고 있다.

1983년에 수쿠아미쉬 박물관은 "부족의 문화, 역사, 공예를 보존하고, 보호하고, 전시하기" 위해 설립되었다. 한해 1만 명이 넘는 사람들이 전세계에서 박물관을 찾는다. 전시 〈시애틀 추장의 시선〉과 〈올드맨 하우스〉, 그리고 미디어 작품 수상작("Come Forth Laughing: Voices of the Suquamish People" "Waterborne: Gift of the Indian Canoe")은 사람들이 워싱턴 주 북서부 인디언들의 삶과 경험을 잘 이해할 수 있도록 돕는 기획물들이다.

퓨젓사운드 지역의 토착어인 루슈트시드어는 거의 소멸 되기 직전이다. 언어를 보존하기 위한 노력으로 수쿠아미쉬 족은 수쿠아미쉬 조기교육센터에서 미취학 어린이들에게 루슈트시드어를 가르친다. 발음기호, 사전, 컴퓨터 언어를 위한 소프트웨어도 발전시키고 있다.

수쿠아미쉬 어린이들은 루슈트시드어 이름을 하나 더 갖고 있다. 아메리카 원주민 멀티미디어 프로젝트라고 불리는 집단도 언어의 보존을 위한 노력을 기울인다.

루슈트시드어를 포함한 이 지역의 인디언 언어를 보존하는 프로젝트다.

수쿠아미쉬 부족 센터

마칸 족 등대지기(1910년)

잡은 넙치를 카누에서 내리는 모습

맺는말

퓨젓사운드는 유럽계 미국인들과 접촉하기 전에 그곳에 살던 사람들에게 식료품을 공급해주던 주요 원천이었을 뿐 아니라, 여전히 이 지역 다수의 원주민들을 위한 생계수단의 원천이다. 부족 지도자들은 포인트 엘리어트 조약이 부여한 어로 및 사냥권을 지키기 위한 법정 싸움을 계속해 오고 있다.

1974년에 연방법원은 수쿠아미쉬 족을 비롯한 부족들이 대대로 살아온 땅이자 조약에서 사용권을 인정한 보호구역 주변 지역에서 50퍼센트의 지역 연어를 잡을 수 있는 권리가 부족원들에게 있다고 판결했다. 1995년에 열린 또다른 판결은 퓨젓사운드 인근의 열여섯 부족에게 지역 조개류의 50퍼센트를 채취할 수 있는 권리를 부여하였다. 1997년 8월에 판결이 난 워싱턴 주와 원주민 뷰캐넌Donald Buchanan 사이의 소송에서도 사냥권은 유지되었다. 워싱턴 주

항소법원은 모두에게 개방되어 있고 소유권이 없는 땅이라면 주내의 어느 곳에서든 부족원들이 사냥할 수 있다며 조약상의 권리를 인정하였다.

최근 들어 연어 어획량은 90퍼센트나 감소하였다. 상업적 이윤을 목적으로 한 남획과 댐이나 저수지의 축조로 물의 흐름이 원활하지 못하기 때문이다. 연어를 되살리기 위해 수쿠아미쉬 족은 연어 부화장을 운영하고 있다. 해마다 5백만 마리 이상의 치어가 애거트패스Agate Pass 해협을 비롯한 퓨젓사운드 수류水流 체계 안에 방류되고 있다. 방류 후 치어들은 먹이를 찾아 그리고 성장하기 위해 바다로 헤엄쳐 간다. 일부만이 살아남아 18개월 후 돌아와서는 원주민 어부들에게 수확의 기쁨을 안겨준다.

이 지역 목재와 해양자원의 소유권은 일찌기 원주민의 손을 떠났다. 심하게 채취되어 1920년 무렵이면 생산량이 격감하게 된다. 1970년대부터 보존을 위한 노력이 시작됨으로써 하향 추세를 반전시킬 수 있었다. 멸종에 가깝게 사냥되었던 바다 수달이 다시 돌아와 이제는 번성하고 있다. 오늘날

이 지역은 흰머리독수리의 밀집 서식지다. 미국 전체 51개 주 가운데 48개 주의 흰머리 독수리 개체수가 이곳보다 적다.

환경 시스템이 회복되어가는 것으로 보이지만, 충분한 수준에 이르기 위해서는 더 많은 노력이 필요하다.

사진 저작권 및 제공자

p.67   Special collections, University of Washington Library, #050 STA 1076.

p.80   STA(slide #0838).

p.93   Warren Jefferson, 1999. C3.

p.94   E.S. Curtis, Special collections, University of Washington Library, STA 1138.

p.97   Warren Jefferson, 1999. C14.

p.98   A. Curtis, #19,217. Special collections, University of Washington Library, #020. STA 1014.

p.100   S.G. Morse. Tacoma Public Library, #019. STA 1264.

p.110   STA (slide #0843).

p.116   STA.

STA-Suquamish Tribal Archives

일러스트 저작권

편집자 일러스트

참고문헌

Arrowsmith, William. 1969. "Speech of Chief Seattle, January 9, 1855," *Arion* 8:461-64.

—————. 1975. "Speech of Chief Seattle," *The American Poetry Review*, pp. 23-26.

Coombs, S.F. 1983. "Good Chief Seattle, How A Young Warrior Became Ruler of Many Tribes," *Post Intelligencer*, March 26, 1893.

Eells, Myron. 1985. *The Indians of Puget Sound: The Notebooks of Myron Eells*. Edited by George P. Castile, Seattle: University of Washington Press.

Gifford, Eli. 1992. *The Many Speeches of Chief Seathl: The Manipulation of the Record for Religious, Political, and Environmental Causes*, Occasional papers of Native American Studies, Rohnert Park, CA: Sonoma State University.

Grant, Frederic James. 1981. *History of Seattle*, New York: American Publishing Company.

Kaiser, Rudolf. 1987. "Chief Seattle's Speech(es): American Origins and European Reception," in *Recovering the Word*, Brian Swann and Arnold Krupat, eds., pp. 497-536, Berkeley: University of California Press.

Krenmayr, Janice. 1975. "'The earth is our mother.' Who really said that?," *The Seattle Times, Sunday Magazine*, pp. 4-6, January 5, 1975.

Northwest Orient Airlines. 1974. "The Decidedly Unforked Message of Chief Seattle," *Passages*, April 1974.

Perry, Ted. 1991. Personal letter to Eli Gifford, October 25, 1991(est.).

—————. 1970. *Home*, Movie script for television series produced by Southern Baptist Radio and Television Commission.

Point Elliott Treaty. 1855. Washington, DC: National Archives.

Smith, Henry. 1887. "Scraps from a Diary. Chief Seattle–A Gentleman by Instinct–His Native Eloquence," *The Seattle Sunday Star*, p.10, October 29, 1887.

Stevens, Hazard. 1901. *The Life of Isaac Ingalls Stevens*, Vol.1,

New York: Houghton, Mifflin Company.

The Suquamish Museum. 1985. *The Eyes of Chief Seattle*,

Seattle: The Suquamish Museum.

Vanderwerth, W.C. 1971. *Indian Oratory*, Norman, OK:

University of Oklahoma Press.

항해중인 카누(1900년)

옮긴이의 말

20여 년 전의 일이다. 시애틀 추장의 연설을 그림책으로 펴내려 한 일이 있었다. 소설가 김영현 형이 번역을 하고 디자인 시안도 잡아보는 등 제법 진척이 이루어졌지만, 어찌 하다 보니 불발에 그치고 말았다.

오래전부터 관심을 두었던 때문일까? 결국 시애틀 추장의 연설을 책으로 펴내게 되었다. 번역본의 원본은 아메리카 인디언 전문 출판사인 네이티브 보이시스Native Voices에서 2005년에 펴낸 책(*How Can One Sell The Air?: Chief Seattle's Vision Rev. ed.*)이다.

이 책에는 수많은 이본異本이 존재하는 시애틀 추장의 연설문 가운데서 가장 중요한 세 연설본이 실려 있다. 사실 숱한 이본들은 시애틀 추장을 세상에 알린 헨리 스미스본과 이를 더욱 증폭시킨 테드 페리본으로 수렴된다. 윌리엄 애로스미스본은 둘 사이의 가교 역할을 하였다 할 수 있다.

1970년대 초에 극작가 테드 페리가 수정한 연설문이 텔레비전 드라마로 방영되면서 시애틀 추장의 연설은 세상의 폭넓은 관심을 불러 모았다. 특히 환경 문제의 해법을 찾고 있던 사람들에게 복음(브루스 켄트Bruce Kent 신부는 실제로 '제5복음서'라고 언급하기도 하였다)과도 같은 영감을 선물하였다. 그린피스 같은 환경단체들이 캠페인에 활용하는가 하면, 환경운동에 초점을 맞춘 1974년의 스포케인Spokane 세계무역박람회에서는 인쇄된 연설문이 대량 배포되었다. 노스웨스트항공 기내지, NASA 책자 등의 많은 책과 잡지에 연설문이 실리고, 세계적인 석학 조지프 캠벨Joseph Cambell을 비롯한 여러 학자들의 학문적 탐구도 뒤따랐다. 엘 고어Al Gore 미국 부통령 같은 정치인들도 시애틀 연설의 대중화에 기여하였다.

　시애틀 추장의 연설이 유명세를 얻게 되자, 그에 비례하여 과연 시애틀 추장의 연설이 맞는지를 둘러싼 논쟁이 촉발되었다. 시애틀의 연설이 너무 미려하고 시적이어서 자연스레 궁금증을 일으킨 부분이 있을 뿐 아니라, 내용에 상당한 차이가 발견되는 다수의 이본이 떠돌고 있었던 것이다. 테드 페리본이 나온 이후에도 이를 축약하거나 내용을 덧붙인 연설본이 여럿 얼굴을 내밀었다. 연설의 진위 논란에서부터 어느 연설본이 시애틀의 것이냐에 이르기까지 논쟁은 폭넓게 전개되었다.

시애틀 추장의 후손으로 조상들이 살던 땅에 자치 정부를 갖고 있는 수쿠아미쉬 족은 여러 해 동안 이 문제에 매달렸다. 그리하여 1982년에 헨리 스미스본을 정본으로 승인하기에 이른다. 수쿠아미쉬 족은 그같은 노력의 성과를 확장해《시애틀 추장의 시선》*The Eyes of Chief Seattle*(1985)과《시애틀 추장의 세계》*The World of Chief Seattle*(2001)라는 책을 펴냈다. 이들 두 권의 책을 펴내는 데 출판사 네이티브 보이시스가 힘을 보탰다.

　《어떻게 공기를 팔 수 있다는 말인가》의 원본은 같은 책의 초간본에《시애틀 추장의 세계》의 성과를 보탠 개정판으로, 정본인 스미스본을 비롯한 역사적 함의를 갖는 세 연설본을 문헌 고증을 통해 원본의 형태로 복원해 놓은 데 일차적 의의가 있다. 또한 연설의 배경과 역사를 당시의 정치지형과 오늘의 수쿠아미쉬 족의 삶을 아우르는 역사적 문맥 속에서 조명하고 있다.

　스미스본 같은 경우《시애틀 선테이 스타》에 게재되었음에도 불구하고, 일부 윤색된 내용이 원문의 자리를 대신하기도 하였다. "죽은 사람이라고 내가 말했나? 세상이 변하는 것일 뿐, 죽음이란 없는 것이거늘"이라는 연설문의 마지막 두 문장이 근거도 없이 끼어든 것이 대표적이다.

시애틀의 연설을 교과서에 싣고 있는 나라에서도 연설문의 족보를 구분하기 어려울진대, 국내의 상황은 말해 무엇하랴. 시애틀 추장의 연설이 국내에 처음 소개된 것은 아마도 1991년 겨울의 《녹색평론》 창간호일 것이다. 그런데 이때 소개된 연설문은 정본인 스미스본이 아니라 허구적 내용으로 윤색된 테드 페리본이다. 그후의 몇몇 기획물에 실린 연설문의 대종도 페리본이다. 같은 페리본이라도 이 책에 실린 내용과 큰 차이를 보이기도 한다. 인터넷 상에는 부정확한 정보가 더욱 넘쳐난다.

시애틀의 연설은 국내 독자들에게도 큰 울림을 주었다. 그의 연설은 하나의 신화가 되었다. 테드 페리본이 가공된 내용이라고 해서 시애틀 추장의 정신이 폄훼되는 것은 아닐 것이다. 진지한 독자라면 스미스본과 애로스미스본을 비교해 보는 재미도 쏠쏠하리라. 스미스본과 페리본의 비교를 통해서는 역사적 문맥과 시대정신의 변화를 읽어낼 수 있을 것이다.

시애틀 추장이 살던 지역은 아메리카 대륙에서 백인 이주자들이 가장 늦게 도달한 곳의 하나다. 서부로 서부로 달려가면서 무자비하게 인디언들을 섬멸했던 백인들은 정복의 막바지에 이르러 유화책으로 전환하였다. 그 형식은 인디언에게서 토지를 구매하는 것이었다. 구매한

토지는 백인 이주자들에게 불하되었고, 인디언 부족들은
보호구역으로 이주해야 했다.

　백인이고 인디언이고 당시 사람들은 아메리카 인디언들이
조만간 멸종할 것으로 여겼다고 한다. 자신의 부족이 역사
속으로 사라질지 모르는 절체절명의 순간에 부족의 운명을
걸머지고 있던 노추장의 고뇌가 시애틀의 연설 속에는
배어 있다. 그의 연설이 세계인의 가슴 속에 다시 살아나는
것은 시대와 민족의 경계를 뛰어넘는, 오늘의 세계에서
더욱 그 의미가 새로운 혜안과 지혜가 깃들어 있기 때문일
것이다. 가수는 노래로, 종교인은 설교로, 활동가는
실천으로 그의 가르침을 끝없이 되살려 내는 이유다.

2천 년 전에 새겨진 애거트패스 암각화

How Can One Sell The Air?:
Chief Seattle's Vision Rev. ed.

Copyright ⓒ 2005 Book Publishing Company
Author : Chief Seattle
Editors : Eli Gifford, R. Michael Cook, and Warren Jefferson
Published by Native Voices, an imprint of Book Publishing Company

Book Publishing Company를 대신한 Athena Productions, Inc.와의
독점 계약에 의해 이 책의 한국어판 저작권은 가갸날에 있습니다.
저작권법에 의해 보호받는 저작물이므로 무단 전재와 무단 복제를 금합니다.
단, 이 책에 실린 헨리 스미스본은 출전을 표기하고 비상업적인 용도로
사용하는 경우, 사전 허락을 받지 않아도 좋습니다.

2015년 11월 15일 초판 1쇄 찍음
2015년 11월 25일 초판 1쇄 펴냄

지은이   시애틀 추장
옮긴이   이상
디자인   그루아트(이수현, 이지혜)

펴낸이   이상
펴낸곳   가갸날
주 소   10386 경기도 고양시 일산서구 강선로 49 BYC 402호
전 화   070 8806 4062
팩스   0303 3443 4062
이메일   gagyapub@naver.com
블로그   blog.naver.com/gagyapub

ISBN   979-11-956350-2-3 03040
이 도서의 국립중앙도서관 출판예정도서목록(CIP)은
서지정보유통지원시스템 홈페이지(http://seoji.nl.go.kr)와
국가자료공동목록시스템(http://www.nl.go.kr/kolisnet)에서
이용하실 수 있습니다.(CIP제어번호: CIP2015029578)